김진남 엮음

어휘력·뇌 훈련·노화방지에

어른을 위한

명심보감
필사 노트

明心寶鑑

Vitamin Book
헬스케어

뇌 운동으로 뇌를 젊게!

    사람이 나이를 먹어 노화가 진행되면 뇌도 함께 늙어갑니다. 뇌의 인지 능력이 떨어져서 새로 배운 것을 기억해 내는 힘은 점점 저하되지만 지혜나 지식, 경험은 나이를 먹을수록 축적됩니다. 오랫동안 지식이나 경험이 계속 쌓이다 보니 삶에서 우러나온 지혜는 오히려 젊은이들보다 뛰어난 경우가 많습니다.

    뇌는 나이와 상관없이 변화하고 발달할 수 있습니다. 그러므로 뇌를 잘 알고 관리하면 노화의 속도를 늦출 수 있으며 기억력도 더 좋아질 수 있습니다. 때때로 생각이 나지 않는 상황과 맞닥뜨릴 때는 나이를 탓하며 포기하지 말고 기억력 향상에 도움을 주는 방법을 찾아 노력해 봅시다.

뇌가 젊어지는 방법

1) 꾸준히 두뇌 활동을 한다 : 손을 사용하여 뇌를 자극하면 좋습니다. 종이 접기, 색칠하기, 퍼즐 등을 자주 풀면 뇌의 기능을 향상시킬 수 있습니다.

2) 몸을 움직인다 : 유산소 운동이나 근육 운동을 늘립니다. 근육 운동뿐 아니라 사회활동과 긍정적인 사고를 하는 사람은 치매에 걸릴 확률이 낮아집니다. 걷기, 등산, 수영, 명상 등 운동을 꾸준히 합니다.

3) 식사에 신경을 쓴다 : 뇌를 지키기 위해서는 제때에 규칙적으로 식사하고 생선 · 채소 · 과일 등을 많이 섭취하며 기름진 음식은 자제하도록 합니다. 특히 비만이 되지 않도록 체중 조절에 신경 써야 합니다.

4) 사람들과 적극적으로 교류한다 : 다양한 인간관계를 유지하고 여러 사람과 교류하도록 노력해야 합니다. 봉사활동 등을 통해 좀 더 다양하고 친밀한 사회적 관계를 맺을 수 있습니다. 홀로 집에만 있지 말고 밖으로 나가서 만나도록 합시다.

  우리나라에서 읽혀지고 있는 책 중에서 명심보감처럼 널리 읽혀온 책도 그리 많지 않으리라고 여겨집니다. 책의 이름에서 알 수 있듯이 '마음을 밝혀주는 거울'이라는 뜻의 명심보감은 동양의 여러 고전 중에서도 특히 인격수양에 필요한 가장 기본적인 격언이나 명언을 뽑아서 엮은 책으로 우리 조상들이 반드시 읽었던 필수 교과서였습니다.

  이 책은 다른 유교의 경서들처럼 어렵지 않으면서도 재미있는 이야기와 격언들이 쉬운 문장으로 실려져 있고, 그런 가운데 자신의 수양과 올바른 처세, 그리고 가정 및 나라를 다스리는 데 도움이 되는 글들이 들어 있어서 그런 격언들에 비추어서 자신의 실제 언행은 어떠하였는지 반성할 수 있는 계기로 삼을 수 있기에 우리 조상들은 널리 읽었고, 오늘날까지도 많은 사람들에게 사랑을 받고 있습니다.

엮은이

차례

뇌 운동으로 뇌를 젊게 ··· 3

머리말 ·· 4

명심보감 따라쓰기 ··· 6

스도쿠 1 ·· 24

미로 찾기 1 ·· 25

명심보감 따라쓰기 ··· 26

스도쿠 2 ·· 48

미로 찾기 2 ·· 49

명심보감 따라쓰기 ··· 50

스도쿠 3 ·· 72

미로 찾기 3 ·· 73

명심보감 따라쓰기 ··· 74

스도쿠 4 ·· 94

미로 찾기 4 ·· 95

초성 퀴즈 ·· 96

한자 퍼즐 ·· 98

종이접기 ·· 102

색칠하기 ·· 106

부록 ·· 110

정답 ·· 120

뜻을 생각하며 읽어보고 따라 써 보세요.

공자*가 말하였다.
하늘에 죄를 짓게 되면 빌 곳도 없다.

| 자 | 왈 | 획 | 죄 | 어 | 천 | 무 | 소 | 도 | 야 |

子曰　獲罪於天　無所禱也.

子曰　獲罪於天　無所禱也.

– 천명편(天命篇)

. . . .

공자가 말하였다.
착한 일을 하는 사람에게는 하늘이 복을 내려서 보답하고 악한
일을 하는 사람에게는 하늘이 재앙을 내려서 갚는다.

子曰　爲善者　天報之以福　爲不善者　天報之以禍.
자 왈　위 선 자　천 보 지 이 복　위 불 선 자　천 보 지 이 화

– 계선편(繼善篇)

* 공자 : 중국 춘추시대 노나라 때의 사상가.

6

예쁘게 써 보세요.

하 늘 에 　 죄 를

하 늘 에 　 죄 를

짓 게 　 되 면 　 빌

짓 게 　 되 면 　 빌

곳 도 　 없 다 .

곳 도 　 없 다 .

뜻을 생각하며 읽어보고 따라 써 보세요.

모든 놀이는 이로움이 없고 오직 부지런함만이 성공이 있다.

범 희 무 익 유 근 유 공
凡戱無益 惟勤有功.

凡戱無益 惟勤有功.

– 정기편(正己篇)

· · · · · · · · · · · · ·

마원*이 말하였다.

착한 일이란 많이 할수록 좋은 것이어서 죽을 때까지 착한 일을 해도 오히려 부족하지만 하루만 악한 일을 행해도 악한 일은 그대로 남아 있게 된다.

馬援曰　終身行善　善猶不足　一日行惡　惡自有餘.
마 원 왈　종 신 행 선　선 유 부 족　일 일 행 악　악 자 유 여

– 계선편(繼善篇)

* 마원 : 중국 후한 때의 정치가이며 장군.

모든 놀이는

이로움이 없고

오직 부지런함만

이 성공이 있다.

뜻을 생각하며 읽어보고 따라 써 보세요.

서경*에 이런 말이 있다.
자만하면 손해를 부르고 겸손하면 이익을 얻는다.

서	왈		만	초	손	겸	수	익

書曰　滿招損　謙受益.

書曰　滿招損　謙受益.

– 안분편(安分篇)

. . . .

공자가 말하였다.
선한 일을 보거든 마치 그것에 미치지 못한 듯이 하고 나쁜 일
을 보거든 마치 끓는 물을 만지는 것과 같이 피하라.

子曰　見善如不及　見不善如探湯.
자 왈　견 선 여 불 급　견 불 선 여 탐 탕

– 계선편(繼善篇)

* 서경 : 유교의 기본 경전인 오경(시경, 서경, 역경, 예기, 춘추)의 하나.

자 만 하 면   손 해

를   부 르 고   겸 손

하 면   이 익 을   얻

는 다 .

뜻을 생각하며 읽어보고 따라 써 보세요.

한때의 분함을 참아서 넘긴다면 백날의 근심을 면한다.

인 일 시 지 분　면 백 일 지 우
忍一時之忿　免百日之憂.

忍一時之忿　免百日之憂.

ㅡ 계성편(戒性篇)

· · · · · · · · · · · · ·

현제*가 훈계하여 말하였다.

인간의 사사로운 말도 하늘이 듣기에는 마치 우레와 같이 크게 들리고 어두운 방 속에서 마음을 속이더라도 귀신의 눈은 번개 와 같다.

玄帝垂訓曰 人間私語 天聽若雷 暗室欺心 神目如電.
현 제 수 훈 왈　인 간 사 어　천 청 약 뢰　암 실 기 심　신 목 여 전

ㅡ 천명편(天命篇)

* 현제 : 도교에서 모시는 신인으로 현천상제라고도 한다.

예쁘게 써 보세요.

	한	때	의		분	함	을	✓
	한	때	의		분	함	을	
참	아	서		넘	긴	다	면	✓
참	아	서		넘	긴	다	면	
백	날	의		근	심	을		
백	날	의		근	심	을		
면	한	다	.					
면	한	다	.					

뜻을 생각하며 읽어보고 따라 써 보세요.

장자*가 말하였다.

하루라도 착한 일을 생각하지 않는다면 여러 가지 나쁜 일이 저절로 일어나게 된다.

장 자 왈 일 일 불 념 선 제 악 개 자 기
莊子曰 一日不念善 諸惡皆自起.

莊子曰 一日不念善 諸惡皆自起.

– 계선편(繼善篇)

. . . .

태공이 말하였다.

내가 부모에게 효도하면 내 자식 또한 나에게 효도한다. 내가 부모에게 효도하지 않는데 내 자식이 어찌 나에게 효도할 것인가?

太公曰　孝於親子亦孝之　身旣不孝　子何孝焉?
태 공 왈　효 어 친 자 역 효 지　신 기 불 효　자 하 효 언

– 효행편(孝行篇)

* 장자 : 중국 전국시대 송나라 때의 사상가.

14

하루라도　착한　일
하루라도　착한　일
을　생각하지　않는다
을　생각하지　않는다
면　여러　가지　나쁜
면　여러　가지　나쁜
일이　저절로　일어나
일이　저절로　일어나
게　된다.
게　된다.

뜻을 생각하며 읽어보고 따라 써 보세요.

공자가 말하였다.
죽고 사는 것은 어디까지나 천명에 있고 부귀는 하늘에 달려 있다.

자	왈	사	생	유	명	부	귀	재	천
子	曰	死	生	有	命	富	貴	在	天.

子曰 死生有命 富貴在天.

– 순명편(順命篇)

. . . .

근사록*에 이런 말이 있다.
분한 것을 경계하는 것은 마치 불을 끄듯이 재빨리 삭여야 하고 욕심을 막는 것은 터진 물을 막듯이 하라.

近思錄云　懲忿如救火　窒慾如防水.
근사록운　징분여구화　질욕여방수

– 정기편(正己篇)

＊ 근사록 : 중국 송나라 때 주자와 제자 여조겸이 함께 지은 책.

예쁘게 써 보세요.

죽고 사는 것

죽고 사는 것

은 어디까지나

은 어디까지나

천명에 있고 부

천명에 있고 부

귀는 하늘에 달

귀는 하늘에 달

려 있다.

려 있다.

뜻을 생각하며 읽어보고 따라 써 보세요.

　모든 일을 너그럽게 처리하면 재앙은 사라지고 복은 저절로 두터워진다.

만　사　종　관　　기　복　자　후
萬事從寬　其福自厚.

萬事從寬　其福自厚.

– 정기편(正己篇)

· · · · · · · · · · · · · ·

　만족한 것을 알아서 분수를 지킨다면 죽을 때까지 욕됨이 없을 것이요 그칠 때를 알아서 그친다면 죽을 때까지 부끄러운 일이 생기지 않을 것이다.

知足常足　終身不辱　知止常止　終身無恥.
지 족 상 족　종 신 불 욕　지 지 상 지　종 신 무 치

– 안분편(安分篇)

예쁘게 써 보세요.

모든 일을 너
모든 일을 너
그럽게 처리하면 ✓
그럽게 처리하면
재앙은 사라지고 ✓
재앙은 사라지고
복은 저절로 두
복은 저절로 두
터워진다.
터워진다.

뜻을 생각하며 읽어보고 따라 써 보세요.

태공이 말하였다.
사람이 태어나서 배우지 않으면 인생이 마치 어두운 밤길을 걸어가는 것과 같다.

태	공	왈	인	생	불	학	여	명	명	야	행

太公曰　人生不學　如冥冥夜行.

太公曰　人生不學　如冥冥夜行.

– 근학편(勤學篇)

. . . .

생각하는 것은 반드시 전쟁터에 있을 때처럼 조심해서 잘 생각해야 하고 마음은 언제나 다리를 건너가는 때처럼 조심해야 한다.

念念要如臨戰日　心心常似過橋時.
염 염 요 여 림 전 일　심 심 상 사 과 교 시

– 존심편(存心篇)

사람이　태어나서 ✓

사람이　태어나서

배우지　않으면　인

배우지　않으면　인

생이　마치　어두운 ✓

생이　마치　어두운

밤길을　걸어가는

밤길을　걸어가는

것과　같다.

것과　같다.

뜻을 생각하며 읽어보고 따라 써 보세요.

 사람들은 모두 값진 보석을 사랑하지만 나는 자손이 현명한 것을 사랑한다.

인 개 애 주 옥　아 애 자 손 현
人皆愛珠玉 我愛子孫賢.

人皆愛珠玉 我愛子孫賢.

- 훈자편(訓子篇)

. . . .

 참을 수 있는 대로 참고 조심할 수 있는 대로 조심해야 한다. 그렇지 않으면 작은 일이 크게 확대되어 어쩔 수 없는 지경에 이르게 된다.

得忍且忍　得戒且戒　不忍不戒　小事成大.
득 인 차 인　득 계 차 계　불 인 불 계　소 사 성 대

- 계성편(戒性篇)

사람들은 모두

사람들은 모두

값진 보석을 사랑

값진 보석을 사랑

하지만 나는 자손

하지만 나는 자손

이 현명한 것을

이 현명한 것을

사랑한다.

사랑한다.

스도쿠 1

 SUDOKU

6	3	1	7	8	5		9	4
5	9	7	2	1		8	3	6
	8	4	9	6	3	5	1	7
9	2	5	1		7	6		
8		6	4	2	9			1
4	1	3	8	5	6			9
7	4		3	9	2	1	6	5
1		2	6	4	8	9	7	3
	6	9	5	7	1	4	8	

DATE:

TIME:

24

미로 찾기 1

외계인이 친구가 있는 곳으로 갈 수 있도록 가는 길을 안내해 주세요.

뜻을 생각하며 읽어보고 따라 써 보세요.

지나간 일들을 돌이켜 보면 앞으로 닥쳐올 일을 알 수 있게
된다.

욕 지 미 래　　선 찰 이 연
欲 知 未 來　　先 察 已 然.

欲 知 未 來　　先 察 已 然.

– 성심편(省心篇)

. . . .

경행록에 이런 말이 있다.
자기 자신을 낮추는 사람은 능히 중요한 자리를 차지할 수 있
지만 남을 이기기를 좋아하는 사람은 반드시 적을 만나게 된다.

景行錄云　屈己者能處重　好勝者必遇敵.
경 행 록 운　굴 기 자 능 처 중　호 승 자 필 우 적

–계성편(戒性篇)

지나간　일들을 ✓

돌이켜　보면　앞

으로　닥쳐올　일

을　알　수　있게 ✓

된다.

뜻을 생각하며 읽어보고 따라 써 보세요.

의심스러우면 처음부터 쓰지 말고 일단 사람을 썼으면 의심하지 말라.

> 의 인 막 용   용 인 물 의
> 疑人莫用 用人勿疑.

> 疑人莫用 用人勿疑.

>

– 성심편(省心篇)

. . . .

경행록에 이런 말이 있다.
손님이 찾아오지 않으면 집안이 비속해지고 시서(시경과 서경)를 가르치지 않으면 자손이 어리석어진다.

景行錄云 賓客不來門戶俗 詩書無教子孫愚.
경 행 록 운   빈 객 불 래 문 호 속   시 서 무 교 자 손 우

– 훈자편(訓子篇)

예쁘게 써 보세요.

의 심 스 러 우 면

처 음 부 터 쓰 지

말 고 일 단 사 람

을 썼 으 면 의 심

하 지 말 라 .

뜻을 생각하며 읽어보고 따라 써 보세요.

바닷물이 마르면 그 밑바닥을 볼 수 있지만 사람은 죽어도 그 마음을 알지 못한다.

해 고 종 견 저　　인 사 부 지 심
海枯終見底　人死不知心.

海枯終見底　人死不知心.

- 성심편(省心篇)

· · · · · · · · · · · · · ·

장자가 말하였다.

비록 작은 일이라도 그것을 하지 않으면 이루어질 수 없는 것과 같이 자식의 재능이 아무리 뛰어나다 하더라도 교육을 시키지 않으면 현명해지지 않는다.

莊子曰　事雖小不作不成　子雖賢不敎不明.
장 자 왈　사 수 소 부 작 불 성　자 수 현 불 교 불 명

- 훈자편(訓子篇)

예쁘게 써 보세요.

바닷물이　마르면

그　밑바닥을　볼　수 ✓

있지만　사람은　죽어

도　그　마음을　알지 ✓

못한다.

뜻을 생각하며 읽어보고 따라 써 보세요.

사람이란 한 가지 일을 경험하지 않으면 한 가지 지혜도 생기지 않는다.

불 경 일 사   불 장 일 지
不經一事 不長一智.

不經一事 不長一智.

– 성심편(省心篇)

. . . .

여영공*이 말하였다.

집안에 현명한 부모와 형제가 없고 집밖에서는 엄한 스승과 친구가 없는데도 성공할 수 있는 사람은 드물다.

呂榮公曰 內無賢父兄 外無嚴師友 而能有成者鮮矣.
여 영 공 왈   내 무 현 부 형   외 무 엄 사 우   이 능 유 성 자 선 의

– 훈자편(訓子篇)

* 여영공 : 중국 북송 때의 성리학자.

32

예쁘게 써 보세요.

사람이란 한
가지 일을 경험
하지 않으면 한 ✓
가지 지혜도 생
기지 않는다.

사랑하는 아이들에게는 매를 많이 때리고 미운 아이에게는
음식을 많이 주어라.

연 아 다 여 봉   증 아 다 여 식
憐 兒 多 與 棒   憎 兒 多 與 食.

憐 兒 多 與 棒   憎 兒 多 與 食.

– 훈자편(訓子篇)

. . . .

경행록에 이런 말이 있다.
자신의 허물은 생각하지 않고 남을 꾸짖는 사람과는 좋은 교제
를 할 수 없고 자기의 잘못을 반성할 줄 모르는 사람은 끝내 자
신의 허물을 고치지 못한다.

景行錄云   責人者不全交   自恕者不改過.
경 행 록 운   책 인 자 부 전 교   자 서 자 불 개 과

– 존심편(存心篇)

예쁘게 써 보세요.

사랑하는 아이들

에게는 매를 많이 ✓

때리고 미운 아이

에게는 음식을 많

이 주어라.

뜻을 생각하며 읽어보고 따라 써 보세요.

황금이 아무리 귀중하다 해도 마음의 안락함의 값어치
는 돈보다 많다.

황	금	미	시	귀		안	락	치	전	다
黃	金	未	是	貴		安	樂	値	錢	多.

黃金未是貴 安樂値錢多.

– 성심편(省心篇)

. . . .

경행록에 이런 말이 있다.
보물이나 재화는 한정이 있어서 그것을 쓰면 다함이 있으나 나
라에 충성하고 부모에게 효도를 하면 복을 누릴 수 있다.

景行錄云　寶貨用之有盡　忠孝享之無窮.
경 행 록 운　보 화 용 지 유 진　충 효 향 지 무 궁

– 성심편(省心篇)

황금이 아무리 ∨
황금이 아무리

귀중하다 해도
귀중하다 해도

마음의 안락함의 ∨
마음의 안락함의

값어치는 돈보다 ∨
값어치는 돈보다

많다.
많다.

뜻을 생각하며 읽어보고 따라 써 보세요.

차라리 밑 없는 항아리는 막을 수 있지만 코 아래 가로놓인 입은 막기 어렵다.

> 영 색 무 저 항 난 색 비 하 횡
> 寧塞無底缸 難塞鼻下橫.

> 寧塞無底缸 難塞鼻下橫.

– 성심편(省心篇)

. . . .

집안이 화목하면서 가난한 것은 괜찮지만 의롭지 못하면서 부유한들 무엇 하겠는가? 자식이 하나밖에 없더라도 효도를 한다면 자손이 많은 것이 무슨 소용 있겠는가?

家和貧也好 不義富如何? 但存一子孝 何用子孫多?
가 화 빈 야 호 불 의 부 여 하   단 존 일 자 효 하 용 자 손 다

– 성심편(省心篇)

차 라 리 　 밑 　 없 는 ✓

차 라 리 　 밑 　 없 는

항 아 리 는 　 막 을 　 수 ✓

항 아 리 는 　 막 을 　 수

있 지 만 　 코 　 아 래

있 지 만 　 코 　 아 래

가 로 놓 인 　 입 은 　 막

가 로 놓 인 　 입 은 　 막

기 　 어 렵 다 .

기 　 어 렵 다 .

뜻을 생각하며 읽어보고 따라 써 보세요.

큰 부자는 하늘의 뜻에 달려 있고 작은 부자는 부지런한 가운데서 이루어진다.

대 부 유 천　소 부 유 근
大富由天　小富由勤.

大富由天　小富由勤.

– 성심편(省心篇)

. . . .

공자가 말하였다.

밝은 거울이 얼굴을 살펴볼 수 있는 도구가 되는 것처럼 지나간 일은 현재를 알 수 있는 바탕이 된다.

子曰　明鏡所以察形　往者所以知今.
자 왈　명 경 소 이 찰 형　왕 자 소 이 지 금

– 성심편(省心篇)

큰 부자는 하늘
큰 부자는 하늘
의 뜻에 달려 있
의 뜻에 달려 있
고 작은 부자는
고 작은 부자는
부지런한 가운데서 ✓
부지런한 가운데서
이루어진다.
이루어진다.

뜻을 생각하며 읽어보고 따라 써 보세요.

아버지는 자기 아들의 덕을 말하지 않고 아들은 아버지의 허물을 말하지 않는다.

부	불	언	자	지	덕	자	불	담	부	지	과

父不言子之德　子不談父之過.

父不言子之德　子不談父之過.

– 준례편(遵禮篇)

. . . .

재주 있는 사람은 재주 없는 사람의 노예가 되고 또 힘들여 노력하게 되면 즐거움이 돌아오게 되니 괴로움은 즐거움의 어머니가 된다.

巧者拙之奴　苦者樂之母.

교 자 졸 지 노　고 자 낙 지 모

– 성심편(省心篇)

아버지는 자기

아들의 덕을 말하

지 않고 아들은

아버지의 허물을

말하지 않는다.

뜻을 생각하며 읽어보고 따라 써 보세요.

한 마디 말이 이치에 맞지 않으면 천 마디 말을 해도 쓸모
가 없다.

일 언 부 중　천 어 무 용
一言不中　千語無用.

一言不中　千語無用.

– 언어편(言語篇)

. . . .

내 집에 찾아오는 손님을 귀한 손님으로 대접할 줄 모른다면 내가
남의 집에 갔을 때에도 그 집 주인이 나를 소홀히 대접할 것이다.

在家不會邀賓客　出外方知少主人.

재 가 불 회 요 빈 객　출 외 방 지 소 주 인

– 성심편(省心篇)

44

	한		마	디		말	이	✓
	한		마	디		말	이	
이	치	에		맞	지		않	
이	치	에		맞	지		않	
으	면		천		마	디		
으	면		천		마	디		
말	을		해	도		쓸	모	
말	을		해	도		쓸	모	
가		없	다	.				
가		없	다	.				

뜻을 생각하며 읽어보고 따라 써 보세요.

군평*이 말하였다.
입과 혀는 재앙과 근심의 근본이며 몸을 다치게 하는 도끼와 같은 것이다.

군 평 왈 구 설 자 화 환 지 문 멸 신 지 부 야
君平曰 口舌者禍患之門 滅身之斧也.

君平曰 口舌者禍患之門 滅身之斧也.

– 언어편(言語篇)

. . . .

가난하게 살면 시끄러운 시장에서 살아도 서로 아는 사람이 없게 마련이고 부유하게 살게 되면 깊은 산중에서 살더라도 먼 데 있는 친척이나 친구들이 찾아온다.

貧居鬧市無相識 富住深山有遠親.
빈 거 료 시 무 상 식 부 주 심 산 유 원 친

– 성심편(省心篇)

＊ 군평 : 중국 전한 때의 사람.

예쁘게 써 보세요.

입과 혀는 재앙

입과 혀는 재앙

과 근심의 근본이

과 근심의 근본이

며 몸을 다치게

며 몸을 다치게

하는 도끼와 같은 ✓

하는 도끼와 같은

것이다.

것이다.

스도쿠 2

 SUDOKU

5	9	4	6	7		3	2	
7	2	1	5	4	3	6	8	
6	8			1	2	5	4	7
4	3	8	7			1	9	2
2	7	5	1	8	9	4	3	
9			2	3	4	7	5	8
1	5	9	4		7	8	6	3
3	4	7	8		6	2	1	5
	6	2	3		1		7	4

DATE:

TIME:

미로 찾기 2

두 경찰관이 무전기가 있는 곳으로 갈 수 있도록 가는 길을 안내해 주세요.

뜻을 생각하며 읽어보고 따라 써 보세요.

　모든 일은 그 분수가 이미 정해져 있는데 세상 사람들은 그
것을 모르고 조급하게 행동을 한다.

만 사 분 이 정　　부 생 공 자 망
萬事分已定　浮生空自忙.

萬事分已定　浮生空自忙.

－ 순명편(順命篇)

. . . .

　한 나라 재상의 권세와 영화로도 죽음이라는 병을 고칠 수 있
는 의사는 없고 제아무리 돈이 많은 집이라 하더라도 현명한 자
손을 살 수는 없다.

無藥可醫卿相壽　有錢難買子孫賢.
무 약 가 의 경 상 수　유 전 난 매 자 손 현

－ 성심편(省心篇)

50

예쁘게 써 보세요.

모든 일은 그 분

수가 이미 정해져

있는데 세상 사람들

은 그것을 모르고

조급하게 행동을 한

다.

뜻을 생각하며 읽어보고 따라 써 보세요.

경행록에 이런 말이 있다.

재앙은 어떤 요행으로 피할 수 없으며 한 번 놓쳐버린 복은 두 번 다시 구할 수 없다.

경 행 록 운	화 불 가 행 면	복 불 가 재 구
景行錄云	禍不可倖免	福不可再求.

景行錄云 禍不可倖免 福不可再求.

– 순명편(順命篇)

. . . .

남의 흉한 일은 불쌍히 여기고 남의 좋은 일은 즐거워하라. 남이 위급할 때는 도와주고 남이 위험할 때는 구해주어야 한다.

悶人之凶　樂人之善　濟人之急　求人之危.
민 인 지 흉　낙 인 지 선　제 인 지 급　구 인 지 위

– 성심편(省心篇)

예쁘게 써 보세요.

	재	앙	은		어	떤		요	행
으	로		피	할		수		없	으
며		한		번		놓	쳐	버	린
복	은		두		번		다	시	
구	할		수		없	다	.		

뜻을 생각하며 읽어보고 따라 써 보세요.

태공이 말하였다.
부지런함은 값으로 따질 수 없는 보배이며 말과 행동의 신중함은 자신의 몸을 보호하는 부적이다.

태 공 왈 근 위 무 가 지 보 신 시 호 신 지 부
太公曰 勤爲無價之寶 愼是護身之符.

太公曰 勤爲無價之寶 愼是護身之符.

– 정기편(正己篇)

. . . .

자신의 눈으로 직접 본 일도 다 진실이라고 볼 수 없는데 하물며 남의 뒷전에서 하는 말은 믿을 것이 못 된다.

經目之事 恐未皆眞 背後之言 豈足深信.
경 목 지 사 공 미 개 진   배 후 지 언   기 족 심 신
　– 성심편(省心篇)

예쁘게 써 보세요.

부지런함은 값으로

따질 수 없는 보배

이며 말과 행동의

신중함은 자신의 몸

을 보호하는 부적이

다.

뜻을 생각하며 읽어보고 따라 써 보세요.

태공이 말하였다.
남의 오이 밭에서는 신을 고쳐 신지 말고 남의 자두나무 아래에서는 갓을 고쳐 쓰지 말라.

태 공 왈　과 전 불 납 리　이 하 부 정 관
太公曰　瓜田不納履　李下不整冠.

太公曰　瓜田不納履　李下不整冠.

– 정기편(正己篇)

· · · · · · · · · · · · · ·

이 세상에는 뇌물을 받고 부정을 저지르는 사람이 천하에 가득한데도 운이 나쁜 사람만이 죄에 걸려든다.

贓濫滿天下　罪拘薄福人.
장 람 만 천 하　죄 구 박 복 인

– 성심편(省心篇)

56

예쁘게 써 보세요.

남의 오이 밭에서

는 신을 고쳐 신지 ✓

말고 남의 자두나무 ✓

아래에서는 갓을 고

쳐 쓰지 말라.

뜻을 생각하며 읽어보고 따라 써 보세요.

　하늘은 녹봉 없는 사람을 내지 않고 땅은 이름 없는 풀을 기르지 않는다.

天不生無祿之人 地不長無名之草.
천 불 생 무 록 지 인 　지 부 장 무 명 지 초

天不生無祿之人 地不長無名之草.

– 성심편(省心篇)

- - - - - - - - - - - - -

　사랑을 받을 때는 어느 때 욕이 돌아올지 모르며 편안히 지낼 때는 어느 때 또 위험이 닥쳐올지 모른다.

得寵思辱　居安慮危.
득 총 사 욕　거 안 려 위

– 성심편(省心篇)

예쁘게 써 보세요.

하늘은 녹봉 없

는 사람을 내지

않고 땅은 이름

없는 풀을 기르지 ✓

않는다.

뜻을 생각하며 읽어보고 따라 써 보세요.

채백개*가 말하였다.
기쁨과 노여움은 마음속에 있고 말은 입에서 나오는 것이니
신중하지 않을 수 없다.

채	백	개	왈	희	노	재	심	언	출	어	구	불	가	불	신
蔡	伯	喈	曰	喜	怒	在	心	言	出	於	口	不	可	不	愼.

蔡伯喈曰 喜怒在心 言出於口 不可不愼.

– 정기편(正己篇)

. . . .

하늘이 만약 상도(常道)를 어기면 바람이 불지 않고도 비가 올
것이요 사람이 만약 상도를 어기면 병들지 않고도 곧 죽을 것이다.

天若改常　不風卽雨　人若改常　不病卽死.
천 약 개 상　불 풍 즉 우　인 약 개 상　불 병 즉 사

– 성심편(省心篇)

* 채백개 : 중국 후한 때의 학자.

예쁘게 써 보세요.

	기	쁨	과		노	여	움	은	
	기	쁨	과		노	여	움	은	
마	음	속	에		있	고		말	은 ✓
마	음	속	에		있	고		말	은
입	에	서		나	오	는		것	이
입	에	서		나	오	는		것	이
니		신	중	하	지		않	을	
니		신	중	하	지		않	을	
수		없	다	.					
수		없	다	.					

61

뜻을 생각하며 읽어보고 따라 써 보세요.

책을 읽는 것만큼 지극한 즐거움은 없고 자식을 가르치는 것만큼 지극히 중요한 것은 없다.

지 락 막 여 독 서	지 요 막 여 교 자
至 樂 莫 如 讀 書	至 要 莫 如 敎 子.

至 樂 莫 如 讀 書 至 要 莫 如 敎 子.

– 훈자편(訓子篇)

. . . .

술은 사람을 취하게 하는 것이 아니라 스스로가 취하고 싶어서 마시는 것이며 또한 아름다운 여자가 사람을 미혹시키는 것이 아니라 사람이 스스로 미혹에 빠지는 것이다.

酒不醉人人自醉 色不迷人人自迷.

주 불 취 인 인 자 취 색 불 미 인 인 자 미

– 성심편(省心篇)

예쁘게 써 보세요.

	책	을		읽	는		것	만	큼	✓
	책	을		읽	는		것	만	큼	
지	극	한		즐	거	움	은		없	
지	극	한		즐	거	움	은		없	
고		자	식	을		가	르	치	는	✓
고		자	식	을		가	르	치	는	
것	만	큼		지	극	히		중	요	
것	만	큼		지	극	히		중	요	
한		것	은		없	다	.			
한		것	은		없	다	.			

뜻을 생각하며 읽어보고 따라 써 보세요.

황금 천 냥이 귀한 것이 아니고 남에게 좋은 말 한 마디를 듣는 것이 천금보다 낫다.

황 금 천 량 미 위 귀   득 인 일 어 승 천 금
黃金千兩未爲貴 得人一語勝千金.

黃金千兩未爲貴 得人一語勝千金.

– 성심편(省心篇)

. . . .

그릇에 물이 가득 차면 넘치기 쉬운 것처럼 사람도 부귀영화가 극에 이르러 자만하게 되면 반드시 망하게 된다.

器滿則溢   人滿則喪.

기 만 즉 일   인 만 즉 상

– 성심편(省心篇)

예쁘게 써 보세요.

	황	금		천		냥	이		귀
한		것	이		아	니	고		남
에	게		좋	은		말		한	
마	디	를		듣	는		것	이	
천	금	보	다		낫	다	.		

뜻을 생각하며 읽어보고 따라 써 보세요.

공자가어*에 이런 말이 있다.
물이 지나치게 맑으면 고기가 살 수 없고 사람이 지나치게
따지면 따르는 사람이 없다.

가 어 운 수 지 청 칙 무 어 인 지 찰 칙 무 도
家語云 水至淸則無魚 人至察則無徒.

家語云 水至淸則無魚 人至察則無徒.

– 성심편(省心篇)

....

충자가 말하였다.
관리가 직무를 수행하는 데 있어서 공평의 원칙을 지켜야 하고
재물을 대하게 되었을 때는 청렴해야 부정이 없어진다.

忠子曰 治官莫若平 臨財莫若廉.
충 자 왈 치 관 막 약 평 임 재 막 약 렴

– 입교편(立教篇)

* 공자가어 : 공자의 언행과 문인과의 문답 · 논의를 적은 책

	물	이		지	나	치	게		맑
으	면		고	기	가		살		수 ✓
없	고		사	람	이		지	나	치
게		따	지	면		따	르	는	
사	람	이		없	다	.			

뜻을 생각하며 읽어보고 따라 써 보세요.

소동파*가 말하였다.

아무런 까닭도 없이 천금을 얻게 된다면 커다란 복이 있는 것이 아니라 반드시 큰 재앙이 된다.

소 동 파 왈 무 고 이 득 천 금 불 유 대 복 필 유 대 화
蘇東坡曰 無故而得千金 不有大福必有大禍.

蘇東坡曰 無故而得千金 不有大福必有大禍.

– 성심편(省心篇)

. . . .

포박자*에 이런 말이 있다.

도끼에 맞아 죽더라도 바르게 간언하고 가마솥에 삶아져 죽음을 당하더라도 할 말을 다한다면 이 사람을 충신이라고 말할 수 있다.

抱朴子曰 迎斧鉞而正諫 據鼎鑊而盡言 此謂忠臣也.
포 박 자 왈 영 부 월 이 정 간 거 정 확 이 진 언 차 위 충 신 야

– 치정편(治政篇)

* 소동파 : 중국 북송 때의 학자. * 포박자 : 중국 진나라 때의 갈홍이 지은 도교의 책.

예쁘게 써 보세요.

아무런 까닭도 없

이 천금을 얻게 된

다면 커다란 복이

있는 것이 아니라

반드시 큰 재앙이

된다.

뜻을 생각하며 읽어보고 따라 써 보세요.

한 자가 되는 둥근 구슬을 보배로 생각하지 말고 오직 짧은 시간을 귀중하게 여겨라.

척 벽 비 보　촌 음 시 경
尺璧非寶　寸陰是競.

尺璧非寶　寸陰是競.

– 성심편(省心篇)

. . . .

사마온공이 말하였다.
무릇 모든 아랫사람들은 크고 작은 일을 막론하고 자기 마음대로 행동해서는 안 되며 반드시 집안 어른에게 여쭈어 보고 나서 행해야 한다.

司馬溫公曰 凡諸卑幼 事無大小 毋得專行 必咨稟於家長.
사 마 온 공 왈　범 제 비 유　사 무 대 소　무 득 전 행　필 자 품 어 가 장

– 치가편(治家篇)

70

	한		자	가		되	는		둥
근		구	슬	을		보	배	로	
생	각	하	지		말	고		오	직
짧	은		시	간	을		귀	중	하
게		여	겨	라	.				

스도쿠 3

 SUDOKU

5	6	1	7	8	4	3	9	
8	7		3		2	5	6	4
2	3	4	6	5	9		7	1
6	8	7		2	5	1	3	9
1	4	2		6	3	7	8	5
	5	3	8	7	1	4	2	
3	2	8	5	4			1	
4	9	6	1	3	7	2		8
7		5	2	9	8		4	3

DATE:

TIME:

미로 찾기 3

예쁜 공주님이 왕관과 목걸이가 있는 곳으로 갈 수 있도록 가는 길을 안내해 주세요.

뜻을 생각하며 읽어보고 따라 써 보세요.

태공이 말하였다.

좋은 밭 일만 이랑을 가지고 있는 것이 작은 재주 한 가지를
몸에 지닌 것보다도 못하다.

태 공 왈 양 전 만 경 불 여 박 예 수 신
太公曰 良田萬頃 不如薄藝隨身.

太公曰 良田萬頃 不如薄藝隨身.

– 성심편(省心篇)

. . . .

아무리 종이라도 그들을 부리려면 먼저 먹고 입을 것을 주고 온
정을 베풀어야만 정성과 힘을 다해 일할 것이다.

凡使奴僕　先念飢寒.

범 사 노 복　선 념 기 한

– 치가편(治家篇)

예쁘게 써 보세요.

좋은 밭 일만 이
랑을 가지고 있는
것이 작은 재주 한 ✓
가지를 몸에 지닌
것보다도 못하다.

뜻을 생각하며 읽어보고 따라 써 보세요.

　자식이 효도하면 부모는 즐거우며 가정이 화목하면 그 집안
의 발전과 번영을 가져온다.

자	효	쌍	친	락		가	화	만	사	성
子	孝	雙	親	樂		家	和	萬	事	成.

子孝雙親樂　家和萬事成.

– 치가편(治家篇)

. . . .

　증자*가 말하였다.
　조정에서는 관직보다 좋은 것이 없고 마을에서는 나이가 많은
것보다 나은 것이 없으며 세상을 돕고 백성을 잘 다스리는 데에
는 덕을 쌓는 것 만한 것이 없다.

曾子曰　朝廷莫如爵　鄕黨莫如齒　輔世長民莫如德
증 자 왈　조 정 막 여 작　향 당 막 여 치　보 세 장 민 막 여 덕

– 준례편(遵禮篇)

＊ 증자 : 공자의 제자.

예쁘게 써 보세요.

자식이 효도하면
자식이 효도하면
부모는 즐거우며 가
부모는 즐거우며 가
정이 화목하면 그
정이 화목하면 그
집안의 발전과 번영
집안의 발전과 번영
을 가져온다.
을 가져온다.

뜻을 생각하며 읽어보고 따라 써 보세요.

만약 다른 사람이 나를 중요하게 여겨주길 바란다면 내가 먼저 남을 중요하게 여겨야 할 것이다.

약 요 인 중 아　무 과 아 중 인
若要人重我　無過我重人.

若要人重我　無過我重人.

– 준례편(遵禮篇)

. . . .

문밖에 나갔을 때는 큰 손님을 대하듯 행동을 예의 바르게 하고 또한 집에 들어와 혼자 방 안에 있을 때에는 옆에 다른 사람이 있는 것처럼 교양 있는 몸가짐을 해야 한다.

出門如見大賓　入室如有人.
출 문 여 견 대 빈　입 실 여 유 인

– 준례편(遵禮篇)

예쁘게 써 보세요.

만약 다른 사람이 ✓

만약 다른 사람이

나를 중요하게 여겨

나를 중요하게 여겨

주길 바란다면 내가 ✓

주길 바란다면 내가

먼저 남을 중요하게 ✓

먼저 남을 중요하게

여겨야 할 것이다.

여겨야 할 것이다.

뜻을 생각하며 읽어보고 따라 써 보세요.

서로 알고 지내는 사람은 세상에 많지만 서로의 마음속까지 알고 지내는 사람은 몇이나 될까?

상 식 만 천 하　지 심 능 기 인
相識滿天下　知心能幾人?

相識滿天下　知心能幾人?

－ 교우편(交友篇)

. . . .

집안에 어진 아내가 있으면 남편은 언제나 마음이 편안하여 일이 순조롭고 밝아서 뜻밖의 재앙을 당하지 않는다.

家有賢妻　夫不遭橫禍
가 유 현 처　부 불 조 횡 화

－ 부행편(婦行篇)

예쁘게 써 보세요.

| | 서 | 로 | | 알 | 고 | | 지 | 내 | 는 | ✓ |

| 사 | 람 | 은 | | 세 | 상 | 에 | | 많 | 지 |

| 만 | | 서 | 로 | 의 | | 마 | 음 | 속 | 까 |

| 지 | | 알 | 고 | | 지 | 내 | 는 | | 사 |

| 람 | 은 | | 몇 | 이 | 나 | | 될 | 까 | ? |

뜻을 생각하며 읽어보고 따라 써 보세요.

길이 멀면 말의 힘을 알 수 있고 오랜 세월이 흘러야만 사람의 마음을 알 수 있다.

노 요 지 마 력　일 구 견 인 심
路 遙 知 馬 力　日 久 見 人 心 .

路 遙 知 馬 力　日 久 見 人 心 .

– 교우편(交友篇)

· · · · · · · · · · · · · ·

때가 오면 바람이 불어 등왕각으로 보내주고 운이 다하면 천복비에 벼락이 떨어진다.

時來風送騰王閣　運退雷轟薦福碑 .
시 래 풍 송 등 왕 각　운 퇴 뢰 굉 천 복 비

– 순명편(順命篇)

＊등왕각 : 중국 강서성에 있는 비각.
＊천복비 : 중국 강서성에 천복사에 있었던 비석

82

길이 멀면 말의

힘을 알 수 있고

오랜 세월이 흘러야

만 사람의 마음을

알 수 있다.

뜻을 생각하며 읽어보고 따라 써 보세요.

순자가 말하였다.

반걸음이 쌓이지 않으면 천 리를 갈 수 없고 작은 물줄기가 모이지 않으면 강물을 이루지 못한다.

순자왈	부적규보	무이지천리	부적소류	무이성강하
荀子曰	不積跬步	無以至千里	不積小流	無以成江河.

荀子曰 不積跬步 無以至千里 不積小流 無以成江河.

– 권학편(勸學篇)

. . . .

공자가 말하였다.

아버지가 부르시면 자식은 얼른 대답하고 달려가야 하며 음식이 입에 있으면 곧 뱉어낸 후 대답하여야 한다.

子曰 父命召　唯而不諾　食在口則吐之.
자 왈 부 명 소　유 이 불 낙　식 재 구 즉 토 지

– 효행편(孝行篇)

84

예쁘게 써 보세요.

반걸음이 쌓이지

않으면 천 리를 갈 ✓

수 없고 작은 물줄

기가 모이지 않으면 ✓

강물을 이루지 못한

다.

뜻을 생각하며 읽어보고 따라 써 보세요.

오이를 심으면 오이를 얻고 콩을 심으면 콩을 얻는다. 하늘의 그물은 넓고 넓어서 엉성하여도 새지 않는다.

종 과 득 과	종 두 득 두	천 망 회 회	소 이 불 루
種瓜得瓜	種豆得豆	天網恢恢	疎而不漏.

種瓜得瓜 種豆得豆 天網恢恢 疎而不漏.

– 천명편(天命篇)

. . . .

만족할 줄 아는 사람은 집이 빈천해도 그것을 천명으로 생각하여 즐거워하지만 만족을 모르고 불평을 일삼는 사람은 부귀를 누려도 욕심 때문에 근심으로 가득 차 있다.

知足者貧賤亦樂　不知足者富貴亦憂.
지 족 자 빈 천 역 락　부 지 족 자 부 귀 역 우

– 안분편(安分篇)

예쁘게 써 보세요.

오이를 심으면 오

이를 얻고 콩을 심

으면 콩을 얻는다. ✓

하늘의 그물은 넓고 ✓

넓어서 엉성하여도

새지 않는다.

뜻을 생각하며 읽어보고 따라 써 보세요.

마원이 말하였다.

다른 사람의 허물을 듣거든 마치 부모의 이름을 들은 것같이 귀로 듣기는 해도 입으로 말하지 말라.

마원왈 문인지과실 여문부모지명 이가득문 구불가언야

馬援曰 聞人之過失 如聞父母之名 耳可得聞 口不可言也.

馬援曰 聞人之過失 如聞父母之名 耳可得聞 口不可言也.

– 정기편(正己篇)

⋯⋯⋯⋯⋯⋯⋯

소서*에 이런 말이 있다.

남에게 조금 베풀고 많이 바라는 사람에게는 보답을 받지 못하고 귀하게 되고 나서 자신이 가난하고 비천했던 시절의 일을 잊는 사람은 오래 가지 못한다.

素書云　薄施厚望者不報　貴而忘賤者不久.

소 서 운　박 시 후 망 자 불 보　귀 이 망 천 자 불 구

– 존심편(存心篇)

＊ 소서 : 중국 진나라의 황석공이 지은 병법서.

다른 사람의 허물

을 듣거든 마치 부

모의 이름을 들은

것같이 귀로 듣기는 ✓

해도 입으로 말하지 ✓

말라.

뜻을 생각하며 읽어보고 따라 써 보세요.

경행록에 이런 말이 있다.
　만족을 알면 마음이 즐거울 수 있지만 탐욕하는 마음이 끝이 없으면 근심이 떠나지 않는다.

> 경　행　록　운　　　지　족　가　락　　　무　탐　칙　우
> 景行錄云　知足可樂　務貪則憂.

> 景行錄云　知足可樂　務貪則憂.

– 안분편(安分篇)

. . . .

　남자가 자라 어른이 되면 풍류와 술에 빠지는 일이 없도록 교육해야 하고 여자가 자라 시집갈 때가 되면 놀러 다니지 못하게 해야 한다.

男年長大　莫習樂酒　女年長大　莫令遊走.
남 년 장 대　막 습 악 주　여 년 장 대　막 령 유 주

– 훈자편(訓子篇)

예쁘게 써 보세요.

만족을 알면 마음

이 즐거울 수 있지

만 탐욕하는 마음이 ✓

끝이 없으면 근심이 ✓

떠나지 않는다.

뜻을 생각하며 읽어보고 따라 써 보세요.

마음이 편안하면 초가집에서도 아늑함을 느끼고 성품이 안정되면 나물국에서도 향기로움을 느낀다.

심 안 모 옥 온   성 정 채 갱 향
心 安 茅 屋 穩   性 定 菜 羹 香.

心 安 茅 屋 穩   性 定 菜 羹 香.

– 존심편(存心篇)

· · · · · · · · · · · · ·

태공이 말하였다.

보통 사람은 닥쳐올 운명을 미리 판단할 수 없고 바닷물은 한두 말(斗)로 그 양을 헤아릴 수가 없다.

太公曰　凡人不可逆相　海水不可斗量.
태 공 왈　범 인 불 가 역 상　해 수 불 가 두 량

– 성심편(省心篇)

예쁘게 써 보세요.

마음이 편안하면

초가집에서도 아늑함

을 느끼고 성품이

안정되면 나물국에서

도 향기로움을 느낀

다.

스도쿠 4

		6	9	4	3	7	8	1
3		4	7			2	6	9
9	1	7	8	2	6	3	4	
5	6	1	3	8	7	9	2	
4	2	8	1		9	6	7	3
7	3		2	6	4	5	1	8
6	4	2	5	3	8	1	9	
1	9	5			2	8	3	
8	7		6	9	1	4	5	2

DATE:

TIME:

미로 찾기 4

여자 경찰관이 모자를 쓸 수 있게 모자가 있는 곳으로 가는 길을 안내해 주세요.

초성 퀴즈

가로
열쇠

1. 1969년부터 2000년대 초까지 발행되었던 대표적인 복권.

4. 홍길동전에 나오는 바다 건너 신비한 섬. 이상 사회.

6. 봉투에 자신의 이름을 적어 경조사에 내는 돈.

8. 더 높은 단계로 발전함. 높이 솟아오름.

9. 한탄하여 한숨을 쉼.

세로
열쇠

1. 군것질을 자주 하는 버릇. 심심풀이로 먹는 간식.

2. 임진왜란 때 행주산성에서 큰 승리를 거둔 장군.

3. 한국인은 생일이 아니라 설날에 이것을 먹어야 나이를 먹는다.

5. 길에서 듣고 길에서 말하다. 항간에 떠돌아다니는 뜬소문.

7. 결혼 50주년을 기념하는 의식.

1 ㅈ			2 ㄱ		3 ㄸ
			4 ㅇ	5 ㄷ	
6 ㅂ		7 ㄱ			
				8 ㄷ	
	9 ㅌ				

한자 퍼즐

1

1		2	片
吞		竹	
3	肉		
吐			

破 甘 苦 之 策 勢

가로 열쇠 →

2. 깨진 조각.
3. 자신의 일부를 희생시키는 책략.

세로 열쇠 ↓

1. 달면 삼키고 쓰면 뱉는다.
2. 대나무를 쪼개듯 거침없이 진행하는 모양.

2

1		2	3
牛			夏
4	葉		秋
毛			

九 一 靑 知 春 冬

가로 열쇠 →

2. 스무 살 안팎의 남녀.
4. 나뭇잎 떨어지는 것을 보고 가을이 온 것을 안다. 사소한 일을 보고 장래의 상황을 알다.

세로 열쇠 ↓

1. 아홉 마리 소 중에 털 하나. 아주 작은 것의 비유.
3. 봄, 여름, 가을, 겨울. 1년 내내.

3

가로 열쇠 →

1. 막힘없이 술술 얘기하는 모양.
3. 민간에게 끼치는 폐해.
5. 파란색과 자주색의 중간색.

세로 열쇠 ↓

1. 제자가 스승을 능가하는 일.
2. 정처 없이 떠돌아다니는 백성.
4. 본인의 회사를 겸손하게 일컫는 말.

流 靑 於 社 民 藍 浪

4

가로 열쇠 →

1. 크게 성공하여 고향에 돌아옴.
4. 꽃다운 얼굴에 달 같은 모습. 아름다운 여성의 자태.

세로 열쇠 ↓

1. 비단 위에 꽃을 더함. 좋은 일 위에 더 좋은 일이 겹침.
2. 원래의 위치로 돌려보냄.
3. 사물의 생김새.

錦 容 還 形 添

가로열쇠

1. 사회적으로 높은 지위에 올라 유명해짐. (입신출세)

3. 한 가지 빛. (일색)

4. 사람의 신체 중에서 허리부터 위의 부분. (상반신)

5. 정치 · 경제 · 사회 · 역사 · 철학 · 문학 등 널리 인류 문화에 관한 정신과학의 총칭. (인문학)

7. 높은 하늘. (상공)

9. 통신 강의록으로 교육을 받는 학생. (교외생)

10. 일반 은행의 직무상 최고 책임자. (은행장)

12. 바다에서 벌이는 전투. (해전)

13. 생명을 유지하는 데 필요한 물. (생명수)

14. 하늘과 땅. (천지)

15. 지방 행정 단위인 면의 우두머리. (면장)

세로열쇠

1. 뒷날의 증인으로 삼기 위해 어떤 사실이 발생 · 존재하는 곳에 입회하는 사람. (입회인)

2. 모든 사람이 살고 있는 지구 위. (세상)

3. 개인적인 형편. (일신상)

6. 교육과 행정을 책임지는 학교의 대표자. (학교장)

8. 항공기끼리 공중에서 벌이는 전투. (공중전)

11. 가는 곳. (행선지)

12. 바닷물의 표면. (해수면)

13. 살아 나갈 방도. 또는 현재 살림을 살아가고 있는 형편. (생계)

보기에서 한자를 골라 쓰세요.

1			2		3	
			4			
5		6			7	8
		9				
10	11				12	
			13			
14					15	

보기 🐝

生計　世上　面長　天地　海戰　上空　一色　海水面　行先地　空中戰　學校長
一身上　立會人　生命水　銀行長　校外生　人文學　上半身　立身出世

종이접기 1

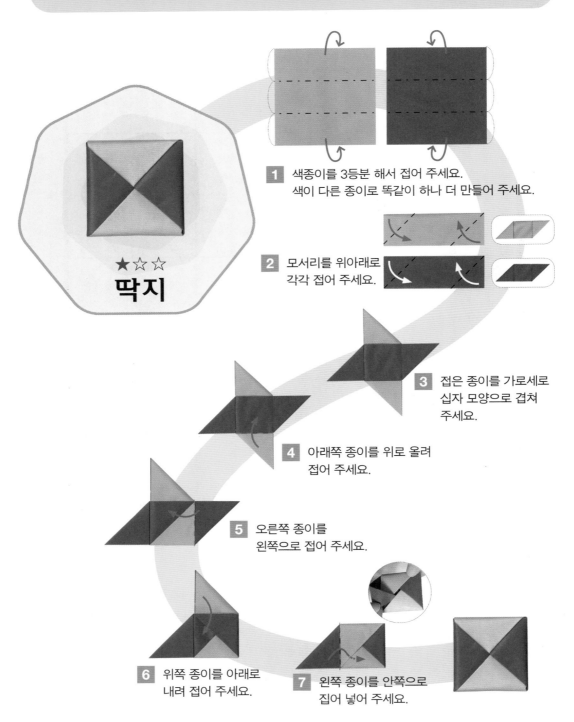

★☆☆
딱지

1 색종이를 3등분 해서 접어 주세요.
색이 다른 종이로 똑같이 하나 더 만들어 주세요.

2 모서리를 위아래로
각각 접어 주세요.

3 접은 종이를 가로세로
십자 모양으로 겹쳐
주세요.

4 아래쪽 종이를 위로 올려
접어 주세요.

5 오른쪽 종이를
왼쪽으로 접어 주세요.

6 위쪽 종이를 아래로
내려 접어 주세요.

7 왼쪽 종이를 안쪽으로
집어 넣어 주세요.

102

종이접기 2

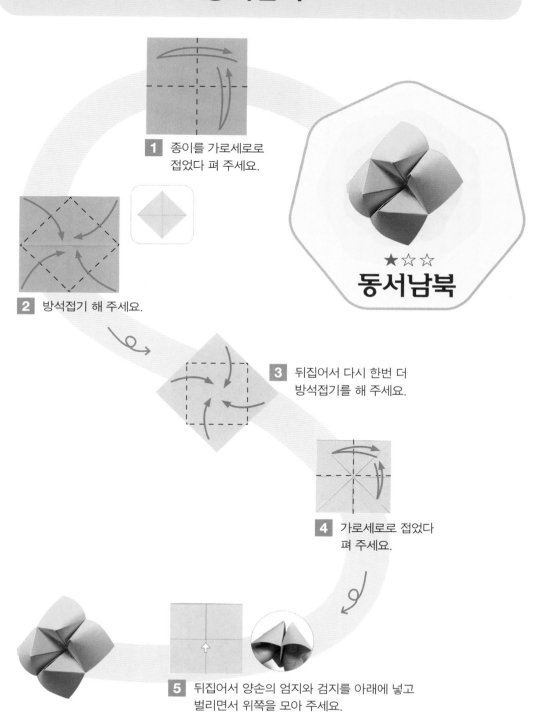

1 종이를 가로세로로
접었다 펴 주세요.

2 방석접기 해 주세요.

3 뒤집어서 다시 한번 더
방석접기를 해 주세요.

4 가로세로로 접었다
펴 주세요.

5 뒤집어서 양손의 엄지와 검지를 아래에 넣고
벌리면서 위쪽을 모아 주세요.

★ ☆ ☆
동서남북

103

종이접기 3

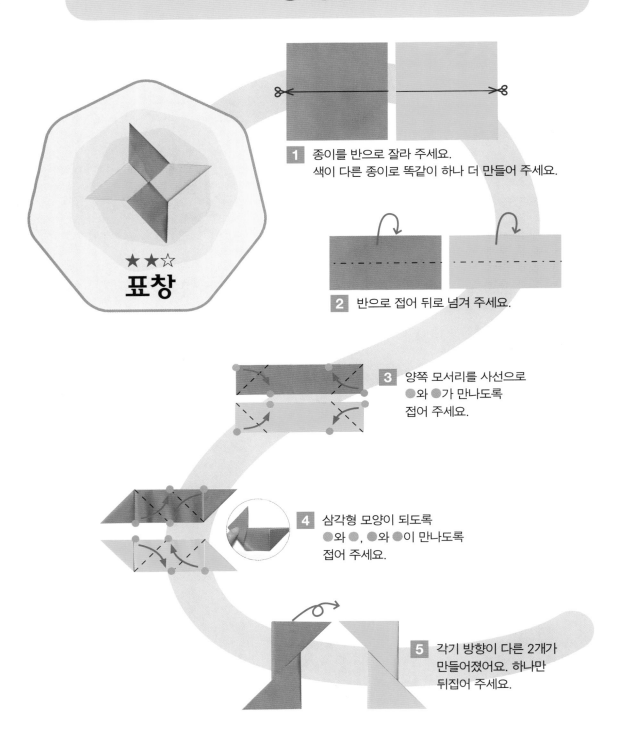

★★☆
표창

1 종이를 반으로 잘라 주세요.
색이 다른 종이로 똑같이 하나 더 만들어 주세요.

2 반으로 접어 뒤로 넘겨 주세요.

3 양쪽 모서리를 사선으로
●와 ●가 만나도록
접어 주세요.

4 삼각형 모양이 되도록
●와 ●, ●와 ●이 만나도록
접어 주세요.

5 각기 방향이 다른 2개가
만들어졌어요. 하나만
뒤집어 주세요.

104

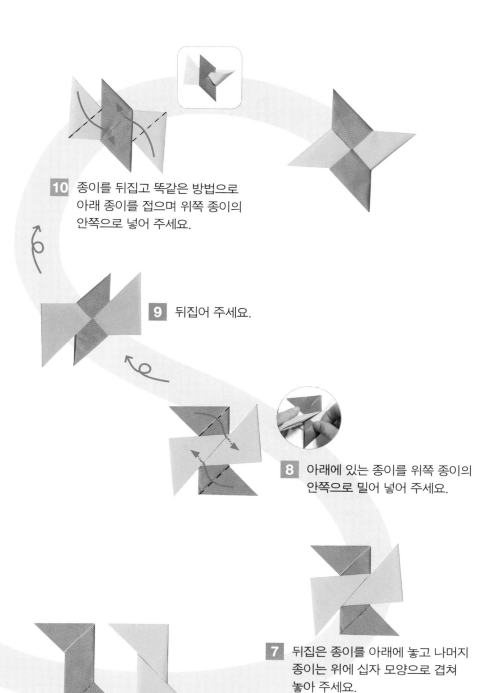

10 종이를 뒤집고 똑같은 방법으로
아래 종이를 접으며 위쪽 종이의
안쪽으로 넣어 주세요.

9 뒤집어 주세요.

8 아래에 있는 종이를 위쪽 종이의
안쪽으로 밀어 넣어 주세요.

7 뒤집은 종이를 아래에 놓고 나머지
종이는 위에 십자 모양으로 겹쳐
놓아 주세요.

6 같은 방향을 향하게 되었어요.

9월 국진 菊-(국존菊樽의 변음)

국화에 술잔

일본에서 9월은 국화 축제가 열리는 계절이다. 쌍피엔 '목숨 수(壽)' 자가 새겨진 술잔이 등장한다. 이는 '9월 9일(중양절)에 국화주를 마시고, 국화를 덮은 비단옷으로 몸을 씻으면 무병장수를 한다'는 일본의 전통을 반영한 것이다.

108

부록

계선편(繼善篇)

공자가 말하였다.

"착한 일을 하는 사람에게는 하늘이 복을 내려서 보답하고 악한 일을 하는 사람에게는 하늘이 재앙을 내려서 갚는다."

장자가 말하였다.

"하루라도 착한 일을 생각하지 않는다면 여러 가지 나쁜 일이 저절로 일어나게 된다."

마원이 말하였다.

"착한 일이란 많이 할수록 좋은 것이어서 죽을 때까지 착한 일을 해도 오히려 부족하지만 하루만 악한 일을 행해도 악한 일은 그대로 남아 있게 된다."

공자가 말하였다.

"선한 일을 보거든 마치 그것에 미치지 못한 듯이 하고 나쁜 일을 보거든 마치 끓는 물을 만지는 것과 같이 피하라."

천명편(天命篇)

현제가 훈계하여 말하였다.

"인간의 사사로운 말도 하늘이 듣기에는 마치 우레와 같이 크게 들리고 어두운 방 속에서 마음을 속이더라도 귀신의 눈은 번개와 같다."

"오이를 심으면 오이를 얻고 콩을 심으면 콩을 얻는다. 하늘의 그물은 넓고 넓어서 엉성하여도 새지 않는다."

공자가 말하였다.
"하늘에 죄를 짓게 되면 빌 곳도 없다."

순명편(順命篇)

공자가 말하였다.
"죽고 사는 것은 어디까지나 천명에 있고 부귀는 하늘에 달려 있다."

"모든 일은 그 분수가 이미 정해져 있는데 세상 사람들은 그것을 모르고 조급하게
행동을 한다."

경행록에 이런 말이 있다.
"재앙은 어떤 요행으로 피할 수 없으며 한 번 놓쳐버린 복은 두 번 다시 구할 수 없다."

"때가 오면 바람이 불어 등왕각으로 보내주고 운이 다하면 천복비에 벼락이 떨어
진다."

효행편(孝行篇)

태공이 말하였다.
"내가 부모에게 효도하면 내 자식 또한 나에게 효도한다. 내가 부모에게 효도하지
않는데 내 자식이 어찌 나에게 효도할 것인가?"

공자가 말하였다.
"아버지가 부르시면 자식은 얼른 대답하고 달려가야 하며 음식이 입에 있으면 곧
뱉어낸 후 대답하여야 한다."

정기편(正己篇)

마원이 말하였다.

"다른 사람의 허물을 듣거든 마치 부모의 이름을 들은 것같이 하여 귀로 듣기는 해도 입으로는 말하지 말라."

태공이 말하였다.

"부지런함은 값으로 따질 수 없는 보배이며 말과 행동의 신중함은 자신의 몸을 보호하는 부적이다."

근사록에 이런 말이 있다.

"분한 것을 경계하는 것은 마치 불을 끄듯이 재빨리 삭여야 하고 욕심을 막는 것은 터진 물을 막듯이 하라."

"모든 일을 너그럽게 처리하면 재앙은 사라지고 복은 저절로 두터워진다."

"모든 놀이는 이로움이 없고 오직 부지런함만이 성공이 있다."

태공이 말하였다.

"남의 오이 밭에서는 신을 고쳐 신지 말고 남의 자두나무 아래에서는 갓을 고쳐 쓰지 말라."

채백개가 말하였다.

"기쁨과 노여움은 마음속에 있고 말은 입에서 나오는 것이니 신중하지 않을 수 없다."

안분편(安分篇)

경행록에 이런 말이 있다.

"만족을 알면 마음이 즐거울 수 있지만 탐욕하는 마음이 끝이 없으면 근심이 떠나지 않는다."

"만족할 줄 아는 사람은 집이 빈천해도 그것을 천명으로 생각하여 즐거워하지만 만족을 모르고 불평을 일삼는 사람은 부귀를 누려도 욕심 때문에 근심으로 가득 차 있다."

"만족한 것을 알아서 분수를 지킨다면 죽을 때까지 욕됨이 없을 것이요. 그칠 때를 알아서 그친다면 죽을 때까지 부끄러운 일이 생기지 않을 것이다."

서경에 이런 말이 있다.
"자만하면 손해를 부르고 겸손하면 이익을 얻는다."

존심편(存心篇)
경행록에 이런 말이 있다.
"자신의 허물은 생각하지 않고 남을 꾸짖는 사람과는 좋은 교제를 할 수 없고 자기의 잘못을 반성할 줄 모르는 사람은 끝내 자신의 허물을 고치지 못한다."

"생각하는 것은 반드시 전쟁터에 있을 때처럼 조심해서 잘 생각해야 하고 마음은 언제나 다리를 건너가는 때처럼 조심해야 한다."

"마음이 편안하면 초가집에서도 아늑함을 느끼고 성품이 안정되면 나물국에서도 향기로움을 느낀다."

소서에 이런 말이 있다.
"남에게 조금 베풀고 많이 바라는 사람에게는 보답을 받지 못하고 귀하게 되고 나서 자신이 가난하고 비천했던 시절의 일을 잊는 사람은 오래 가지 못한다."

계성편(戒性篇)
"한때의 분함을 참아서 넘긴다면 백날의 근심을 면한다."

"참을 수 있는 대로 참고 조심할 수 있는 대로 조심해야 한다. 그렇지 않으면 작은 일이 크게 확대되어 어쩔 수 없는 지경에 이르게 된다."

경행록에 이런 말이 있다.
"자기 자신을 낮추는 사람은 능히 중요한 자리를 차지할 수 있지만 남을 이기기를 좋아하는 사람은 반드시 적을 만나게 된다."

근학편(勤學篇)

태공이 말하였다.
"사람이 태어나서 배우지 않으면 인생이 마치 어두운 밤길을 걸어가는 것과 같다."

훈자편(訓子篇)

경행록에 이런 말이 있다.
"손님이 찾아오지 않으면 집안이 비속해지고 시서(시경과 서경)를 가르치지 않으면 자손이 어리석어진다."

장자가 말하였다.
"비록 작은 일이라도 그것을 하지 않으면 이루어질 수 없는 것과 같이 자식의 재능이 아무리 뛰어나다 하더라도 교육을 시키지 않으면 현명해지지 않는다."

"책을 읽는 것만큼 지극한 즐거움은 없고 자식을 가르치는 것만큼 지극히 중요한 것은 없다."

여영공이 말하였다.
"집안에 현명한 부모와 형제가 없고 집밖에서는 엄한 스승과 친구가 없는데도 성공할 수 있는 사람은 드물다."

"남자가 자라 어른이 되면 풍류와 술에 빠지는 일이 없도록 교육해야 하고 여자가 자라 시집갈 때가 되면 놀러 다니지 못하게 해야 한다."

"사랑하는 아이들에게는 매를 많이 때리고 미운 아이에게는 음식을 많이 주어라."

"사람들은 모두 값진 보석을 사랑하지만 나는 자손이 현명한 것을 사랑한다."

성심편(省心篇)

경행록에 이런 말이 있다.

"보물이나 재화는 한정이 있어서 그것을 쓰면 다함이 있으나 나라에 충성하고 부모에게 효도를 하면 복을 누릴 수 있다."

"집안이 화목하면서 가난한 것은 괜찮지만 의롭지 못하면서 부유한들 무엇 하겠는가? 자식이 하나밖에 없더라도 효도를 한다면, 자손이 많은 것이 무슨 소용 있겠는가?"

"하늘은 녹봉 없는 사람을 내지 않고 땅은 이름 없는 풀을 기르지 않는다."

"사랑을 받을 때는 어느 때 욕이 돌아올지 모르며 편안히 지낼 때는 어느 때 또 위험이 닥쳐올지 모른다."

"지나간 일들을 돌이켜서 보면 앞으로 닥쳐올 일을 알 수 있게 된다."

공자가 말하였다.

"밝은 거울이 얼굴을 살펴볼 수 있는 도구가 되는 것처럼 지나간 일은 현재를 알 수 있는 바탕이 된다."

"의심스러우면 처음부터 쓰지 말고 일단 사람을 썼으면 의심하지 말라."

"바닷물이 마르면 그 밑바닥을 볼 수 있지만 사람은 죽어도 그 마음을 알지 못한다."

태공이 말하였다.

"보통 사람은 닥쳐올 운명을 미리 판단할 수 없고 바닷물은 한두 말(斗)로 그 양을 헤아릴 수가 없다."

"사람이란 한 가지 일을 경험하지 않으면 한 가지 지혜도 생기지 않는다."

"황금 천 냥이 귀한 것이 아니고 남에게 좋은 말 한 마디를 듣는 것이 천금보다 낫다."

"재주 있는 사람은 재주 없는 사람의 노예가 되고 또 힘들여 노력하게 되면 즐거움이 돌아오게 되니 괴로움은 즐거움의 어머니가 된다."

"황금이 아무리 귀중하다 해도 마음의 안락함의 값어치는 돈보다 많다."

"내 집에 찾아오는 손님을 귀한 손님으로 대접할 줄 모른다면 내가 남의 집에 갔을 때도 그 집 주인이 나를 소홀히 대접할 것이다."

"가난하게 살면 시끄러운 시장에서 살아도 서로 아는 사람이 없게 마련이고 부유하게 살게 되면 깊은 산중에서 살더라도 먼 데 있는 친척이나 친구들이 찾아온다."

"차라리 밑 없는 항아리는 막을 수 있지만 코 아래 가로놓인 입은 막기 어렵다."

"큰 부자는 하늘의 뜻에 달려 있고 작은 부자는 부지런한 가운데서 이루어진다."

"한 나라 재상의 권세와 영화로도 죽음이라는 병을 고칠 수 있는 의사는 없고 제아무리 돈이 많은 집이라 하더라도 현명한 자손을 살 수는 없다."

공자가어에 이런 말이 있다.
"물이 지나치게 맑으면 고기가 살 수 없고 사람이 지나치게 따지면 따르는 사람이 없다."

"남의 흉한 일은 불쌍히 여기고 남의 좋은 일은 즐거워하라. 남이 위급할 때는 도와주고 남이 위험할 때는 구해주어야 한다."

"자신의 눈으로 직접 본 일도 다 진실이라고 볼 수 없는데 하물며 남의 뒷전에서 하는 말은 믿을 것이 못 된다."

"이 세상에는 뇌물을 받고 부정을 저지르는 사람이 천하에 가득한데도 운이 나쁜 사람만이 죄에 걸려든다."

"하늘이 만약 상도(常道)를 어기면 바람이 불지 않고도 비가 올 것이요, 사람이 만약 상도를 어기면 병들지 않고도 곧 죽을 것이다."

소동파가 말하였다.
"아무런 까닭도 없이 천금을 얻게 된다면 커다란 복이 있는 것이 아니라 반드시 큰 재앙이 된다."

"술은 사람을 취하게 하는 것이 아니라 스스로가 취하고 싶어서 마시는 것이며 또한 아름다운 여자가 사람을 미혹시키는 것이 아니라 사람이 스스로 미혹에 빠지는 것이다."

"그릇에 물이 가득 차면 넘치기 쉬운 것처럼 사람도 부귀영화가 극에 이르러 자만하게 되면 반드시 망하게 된다."

"한 자가 되는 둥근 구슬을 보배로 생각하지 말고 오직 짧은 시간을 귀중하게 여겨라."

강태공이 말하였다.
"좋은 밭 일만 이랑을 가지고 있는 것이 작은 재주 한 가지를 몸에 지닌 것보다도 못하다."

입교편(立教篇)

충자가 말하였다.

"관리가 직무를 수행하는 데 있어서 공평의 원칙을 지켜야 하고 재물을 대하게 되었을 때는 청렴해야 부정이 없어진다."

치정편(治政篇)

포박자에 이런 말이 있다.

"도끼에 맞아 죽더라도 바르게 간언하고 가마솥에 삶아져 죽음을 당하더라도 할 말을 다한다면 이 사람을 충신이라고 말할 수 있다."

치가편(治家篇)

사마온공이 말하였다.

"무릇 모든 아랫사람들은 크고 작은 일을 막론하고 자기 마음대로 행동해서는 안되며 반드시 집 안 어른에게 여쭈어 보고 나서 행해야 한다."

"아무리 종이라도 그들을 부리려면 먼저 먹고 입을 것을 주고 온정을 베풀어야만 정성과 힘을 다해 일할 것이다."

"자식이 효도하면 부모는 즐거우며 가정이 화목하면 그 집안의 발전과 번영을 가져온다."

준례편(遵禮篇)

증자가 말하였다.

"조정에서는 관직보다 좋은 것이 없고 마을에서는 나이가 많은 것보다 나은 것이 없으며 세상을 돕고 백성을 잘 다스리는 데에는 덕을 쌓는 것 만한 것이 없다."

"문밖에 나갔을 때는 큰 손님을 대하듯 행동을 예의 바르게 하고 또한 집에 들어와 혼자 방 안에 있을 때에는 옆에 다른 사람이 있는 것처럼 교양 있는 몸가짐을 해야 한다."

"만약 다른 사람이 나를 중요하게 여겨주길 바란다면 내가 먼저 남을 중요하게 여겨야 할 것이다."

"아버지는 자기 아들의 덕을 말하지 않고 아들은 아버지의 허물을 말하지 않는다."

언어편(言語篇)

"한 마디 말이 이치에 맞지 않으면 천 마디 말을 해도 쓸모가 없다."

군평이 말하였다.
"입과 혀는 재앙과 근심의 근본이며 몸을 다치게 하는 도끼와 같은 것이다."

교우편(交友篇)

"서로 알고 지내는 사람은 세상에 가득하지만 서로의 마음속까지 알고 지내는 사람은 몇이나 될까?"

"길이 멀면 말의 힘을 알 수 있고 오랜 세월이 흘러가야만 사람의 마음을 알 수 있다."

부행편(婦行篇)

"집안에 어진 아내가 있으면 남편은 언제나 마음이 편안하여 일이 순조롭고 밝아서 뜻밖의 재앙을 당하지 않는다."

권학편(勸學篇)

순자가 말하였다.
"반걸음이 쌓이지 않으면 천리를 갈 수 없고 작은 물줄기가 모이지 않으면 강물을 이루지 못한다."

1

6	3	1	7	8	5	2	9	4
5	9	7	2	1	4	8	3	6
2	8	4	9	6	3	5	1	7
9	2	5	1	3	7	6	4	8
8	7	6	4	2	9	3	5	1
4	1	3	8	5	6	7	2	9
7	4	8	3	9	2	1	6	5
1	5	2	6	4	8	9	7	3
3	6	9	5	7	1	4	8	2

24p

2

5	9	4	6	7	8	3	2	1
7	2	1	5	4	3	6	8	9
6	8	3	9	1	2	5	4	7
4	3	8	7	6	5	1	9	2
2	7	5	1	8	9	4	3	6
9	1	6	2	3	4	7	5	8
1	5	9	4	2	7	8	6	3
3	4	7	8	9	6	2	1	5
8	6	2	3	5	1	9	7	4

48p

3

5	6	1	7	8	4	3	9	2
8	7	9	3	1	2	5	6	4
2	3	4	6	5	9	8	7	1
6	8	7	4	2	5	1	3	9
1	4	2	9	6	3	7	8	5
9	5	3	8	7	1	4	2	6
3	2	8	5	4	6	9	1	7
4	9	6	1	3	7	2	5	8
7	1	5	2	9	8	6	4	3

72p

4

2	5	6	9	4	3	7	8	1
3	8	4	7	1	5	2	6	9
9	1	7	8	2	6	3	4	5
5	6	1	3	8	7	9	2	4
4	2	8	1	5	9	6	7	3
7	3	9	2	6	4	5	1	8
6	4	2	5	3	8	1	9	7
1	9	5	4	7	2	8	3	6
8	7	3	6	9	1	4	5	2

94p

미로 찾기

1 25p

2 49p

3 73p

4 95p

초성 퀴즈

1

¹주	택	복	²권		³떡
전			⁴율	⁵도	국
⁶부	조	⁷금		청	
리		혼		⁸도	약
	⁹탄	식		설	

97p

한자 퀴즈

1

¹甘		²破	片
呑		竹	
³苦	肉	之	策
吐		勢	

98p

2

¹九		²靑	³春
⁴牛			夏
一	葉	知	秋
毛			冬

98p

③

[1]青	山	[2]流	水
出		浪	
於		[3]民	[4]弊
[5]藍	色		社

99p

④

[1]錦	衣	[2]還	鄉
上		送	
添			[3]形
[4]花	容	月	態

99p

⑤

[1]立	身	出	[2]世		[3]一	色
會			[4]上	半	身	
[5]人	文	[6]學			[7]上	[8]空
		[9]校	外	生		中
[10]銀	[11]行	長			[12]海	戰
	先		[13]生	命	水	
[14]天	地		計		[15]面	長

101p

123

엮은이 **김진남**

한자를 쉽게 배울 수 있도록 한자십자퍼즐을 직접 창안하였다.

주요저서

《사자성어 활용사전》, 《어부지리 한자》, 《일거양득 한자》, 《일사천리 한자》, 《다다익선 한자》, 《한자 100배 즐기기》, 《재미있는 한자퍼즐》, 《교과서 한자 따라쓰기》, 《한자능력 검정 시험》 등 다수가 있다.

어른을 위한
명심보감
필사 노트

초판 1쇄 인쇄 | 2024년 11월 30일
초판 1쇄 발행 | 2024년 12월 10일
엮은이 | 김진남
디자인 | 윤영화
제작 | 선경프린테크
펴낸곳 | Vitamin Book 헬스케어
펴낸이 | 박영진
등록 | 제318-2004-00072호
주소 | 07250 서울특별시 영등포구 영등포로 37길 18 리첸스타2차 206호
전화 | 02) 2677-1064
팩스 | 02) 2677-1026
이메일 | vitaminbooks@naver.com

ISBN 979-11-94124-05-4 (13690)

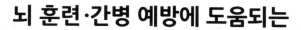

뇌 훈련·간병 예방에 도움되는
쉬운 색칠 그림

**색칠하기 쉬운!
심플한 그림!**

1 봄·여름 꽃 편
마음에 드는 그림을 골라 색칠을 해 보세요.

2 가을·겨울 꽃 편
색칠을 하면 그대로 그림엽서가 되고 짧은 글도 적을 수 있어요.

3 야채 편
야채의 특징과 효능, 읽을거리 등 해설과 사진을 첨부하여 더욱 즐겁게 색칠할 수 있어요.

4 봄에서 여름을 수놓는 꽃 편
봄·여름 개화 순서로 나열되어 있어서 처음부터 색칠해도 좋아요.

5 과일 편
견본을 보고 똑같이 색칠하는 작업은 뇌가 활성화된다고 해요. 견본을 보면서 색칠해 보세요~

화투는 1월부터 12월까지 1년 열두 달에 해당하는 그림이 각각 4장씩 48장으로 구성되어 있는데 이 책에서는 여러 가지 색상으로 칠할 수 있는 그림을 골라 실었습니다.

1월 송학松鶴, 2월 매조梅鳥, 3월 벚꽃, 4월 흑싸리, 5월 난초蘭草, 6월 모란, 7월 홍싸리, 8월 공산空山, 9월 국진, 10월 단풍, 11월 오동, 12월 비 등

쉽고 간단한 접기를 시작으로, 어렸을 때 한번쯤 접어보았음직한 것들을 위주로 구성.

너무 어려운 것은 제외하고 간단한 접기에서부터 중간 단계의 것을 모아, 접는 방법을 자세히 설명.
헷갈리기 쉽고 어려운 부분은 사진으로 한번 더 설명했으니 서두르지 말고 설명에 따라 정확하게 접어 보세요.

이 책의 특징

화투 그림의 의미
1월부터 12월까지 월별로 각 그림에 담긴 의미를 자세히 설명.

화투 그림 색칠 순서
처음부터 색칠해도 좋고 마음에 드는 그림을 골라 색칠해도 좋습니다.

화투 스티커 붙이기
화투 그림의 전체 모양을 생각하며, 각 스티커의 모양과 색깔을 유추해내고 순서에 맞게 붙입니다.